# Aux Électeurs des Campagnes.

---

# ENTRE PAYSANS

## LA VEILLE DES ÉLECTIONS.

---

PRIVAS
IMPRIMERIE TYPOGRAPHIQUE ROURE.

1877.

# Chers Habitants des Campagnes.

Voici un petit opuscule qui se recommande à votre attention. L'auteur espère que vous lui ferez bon accueil. Il pourra vous être utile dans l'accomplissement du grand devoir que vous imposent les prochaines élections. Les destinées de la France son entre vos mains. Quelle magnifique mission à remplir ! A l'œuvre donc. C'est un de vos amis les plus dévoués né parmi vous, ayant vécu parmi vous, parfaitement au courant de vos habitudes et de vos plus chers intérèts, qui fait appel à votre patriotisme. Puisse cet appel être entendu et vous aurez bien mérité de Dieu et de la France !!!

# ENTRE PAYSANS

## LA VEILLE DES ÉLECTIONS

---

MATHIEU.

Eh bien ! voisin, vous connaissez sans doute la grande nouvelle. Nos députés ont bouclé leurs malles et ils s'envolent comme des oiseaux affarés sur tous les chemins qui s'ouvrent devant eux. Nous savions bien, parbleu, qu'ils aimaient les vacances, et souvent ils nous ont donné des preuves que leur goût pour le *far niente* l'emportait de beaucoup sur leur dévouement à la chose publique, bien qu'adorateurs fervents de la république. Il paraît que ces deux expressions, quoique les mêmes au fond, n'avaient pas, pour un grand nombre d'entre eux, le même sens pourtant, s'il faut en croire la manière dont ils abusaient de la première au profit de l'autre. Mais je doute fort que les vacances dont nous parlons soient du goût de nos législateurs. Ils acceptaient avec une satisfaction visible celles qu'ils se donnaient eux-mêmes au nom du peuple souverain ; mais s'il y a repos volontaire, il y a aussi repos forcé, et se voir congédié sans façon au moment où l'on est en train d'élucubrer de si belles choses, peste ! ce n'est pas amusant, il faut bien le dire. Aussi, quels cris ! quel vacarme ! quelles lamentations ! Tous les échos ne sauraient suffire à les répéter et nos oreilles en sont assourdies. Qu'en dites-vous, père Antoine ? Vous nous avez parlé un langage fort sensé, il y a trois mois, et le *Patriote de l'Ardèche* en sait quelque chose. Je tiens beaucoup à votre avis pour régler ma conduite sur la vôtre dans les circonstances graves où nous sommes engagés.

ANTOINE.

C'est beaucoup d'honneur que vous me faites, voisin Mathieu, et je vous en remercie. Toute ma crainte est de ne pouvoir justifier la bonne opinion que vous avez de moi. Je crois deviner votre pensée et vous voulez sans doute me parler des élections qui vont avoir lieu prochainement. C'est grave, mon cher, et jamais sujet ne fut plus digne d'attirer l'attention des honnêtes gens. Il y va, croyez-le bien, du salut de la France et de la conservation de tout ce que nous avons de plus cher au monde : religion, famille, propriété, que sais-je ? peut-être la vie. Jamais, au dire de personnes graves et qui ont droit à toute notre confiance, la société n'a passé par une crise plus terrible et plus décisive. C'est le moment de prendre résolûment un parti et d'examiner s'il vous convient de passer à droite ou à gauche. L'heure de la grande bataille a sonné et, si par lâcheté ou indifférence les hommes d'ordre s'abstiennent de prendre part à la lutte et méritent par là d'être battus, je vous le dis en toute vérité, *malheur aux vaincus ! !*... Y avez-vous pensé, voisin Mathieu, et en bon citoyen, êtes-vous décidé de déposer d'abord, et ensuite d'engager vos amis à déposer dans l'urne un bulletin consciencieux ?

MATHIEU.

A dire vrai, je suis embarrassé pour répondre à votre question. Tenez, je ne voudrais pas vous faire de la peine, mais j'avais presque résolu de demeurer étranger à tout ce tintamarre. Depuis surtout que nous sommes en république, on dirait que nous n'avons pas autre chose à faire qu'à courir les chemins de par Madame la *Politique*. Voté d'ici, vote de là, c'est toujours à recommencer, et ce n'est jamais fini. Faudra-t-il donc négliger nos affaires, laisser nos champs incultes pour nous livrer sans relâche à ce drôle de métier ? C'est ce que nous disions l'autre jour cinq ou six amis et moi, en buvant bouteille à l'auberge du *Soleil*. Que nous importe qui gouverne, pourvu que nos moissons soient bonnes et nos vendanges abondantes ? Courir aux urnes, cela ne donne pas du pain et mieux vaut rester tranquille que de se mêler à ces affaires qui ne nous regardent pas. Mais votre front se rembrunit et vous me regardez d'un œil sévère. Evidemment, mon glanage vous déplaît.

### ANTOINE.

Il me déplaît beaucoup, en effet, et c'est le langage d'un lâche égoïste, non celui d'un bon citoyen. Que penseriez-vous de cet homme qui vous dirait : Que m'importe que ma tête soit malade ou bien toute autre partie de mon corps, pourvu que mon pied ou mon bras soient bien portants ? Vous diriez qu'il est fou. Père Mathieu, ceci ressemble beaucoup à ce que vous venez de me dire. Ne sommes-nous pas tous membres d'un même corps, qui est la France, et si la France est en péril, pouvons-nous espérer, vous et moi, d'être à l'abri de ce qui peut arriver ? Pardonnez-moi cette sortie qui n'ôte rien à l'affection que j'éprouve pour vous, et veuillez me permettre quelques questions. Aimez-vous notre sainte religion ?

### MATHIEU.

Quiconqne en douterait me ferait une cruelle injure. Si j'aime ma religion ! Ah ! plus que la vie.

### ANTOINE.

Aimez-vous la France ?

**MATHIEU.**

J'ai versé mon sang pour elle sur le champ de bataille et je suis prêt à le verser encore.

**ANTOINE.**

Aimez-vous votre famille ?

**MATHIEU.**

Vive Dieu ! voisin, vous me faites de singulières demandes. Eh ! qui plus que le vieux Mathieu aime sa femme et ses enfants !

**ANTOINE.**

Vous m'en laissez douter en me faisant croire que vous ne voulez prendre aucune part aux élections qui se préparent. Je vous le dis dans le sentiment de la conviction la plus profonde : tout homme d'ordre qui s'abstiendra de voter en cette circonstance, prouvera par là même qu'il est mauvais chrétien, mauvais Français, mauvais père de famille. Je ne retranche rien de ce langage.

MATHIEU.

Oh ! là, là, doucement, père Antoine.
Certes, vous prenez feu et vous savez que
pour tout au monde je ne voudrais pas vous
fâcher. Je sais combien vos avis sont sages
et je suis tout disposé à les mettre à profit.
Je ne suis qu'un ignorant, il est vrai, mais
j'aurais honte de passer pour méchant à
vos yeux. Veuillez donc m'instruire au sujet
des questions que vous m'avez posées tout
à l'heure.

ANTOINE.

C'est de toute justice. Je m'en fais un
plaisir, mais encore plus un devoir. Com-
mençons donc par le côté le plus important,
je veux dire la religion.

Savez-vous qu'il va se jouer une partie
qui sera pour elle une question de vie ou
de mort dans notre malheureux pays ? Je
dis notre pays, car la religion est immor-
telle, et si, par un concours de circonstances funestes elle cessait de nous éclairer de
sa lumière, elle ne cesserait pas pour cela
d'étendre sa douce influence sur d'autres

contrées plus favorisées que nous. Mais dites-moi, ne serait-ce pas déjà un mal irréparable si elle venait à disparaître du milieu de nous? Que deviendraient nos enfants? Que deviendrions-nous nous-mêmes? Que deviendrait la société toute entière? Un repaire de démons, de voleurs et d'assassins. Eh bien ! mon cher ami, il y a au moment où je vous parle, des milliers d'hommes, des millions peut-être qui travaillent à la détruire et à lui porter le dernier coup. Je n'exagère rien et je ne suis qu'un écho affaibli de leurs sinistres clameurs. Ils ne prennent pas la peine de déguiser leur perfide conjuration. Ils l'étalent au contraire au grand jour et ils supputent d'avance l'heure tant désirée de leur triomphe. Nous les avons vus à l'œuvre ces temps derniers ; chacun a pu lire leurs discours incendiaires et frémir d'horreur en entendant les blasphèmes vomis par leurs infâmes journaux. Or, savez-vous comment on les appelle, ces hommes? On les appelle *radicaux.*

**MATHIEU.**

Singulier nom, je l'avoue. Eh! que veulent-ils donc déraciner ?

**ANTOINE.**

La religion, parbleu, ne le comprenez-vous pas ?

**MATHIEU.**

C'est tout comme moi. Quand je veux me débarrasser d'un arbre qui me gêne, je creuse autour un trou profond, et puis pour l'empêcher de revenir, j'extirpe jusqu'à la dernière racine. Ma comparaison est-elle juste ?

**ANTOINE.**

C'est bien cela. La religion est pour eux aussi un arbre qui les gêne, et voilà pourquoi ils lui ont juré une haine mortelle ; voilà pourquoi ils veulent l'anéantir, au risque d'engloutir dans l'abîme qu'ils auront creusé, famille, patrie, et tout ce qui existe d'ordre moral et religieux ; que leur importe l'univers, pourvu qu'ils puissent régner sur ses ruines ! Or, il est bon que vous sachiez sur quoi ils comptent pour réaliser leurs détestables projets. Ils comptent sur la simplicité des uns et beaucoup, hélas ! sur la méchanceté des autres. Dupes et complices, voilà leur personnel. Tout a été disposé pour se ménager le succès au grand jour de l'épreuve. Ce jour approche et c'est le jour des élections. Croyez-vous, mon cher ami, qu'il vous soit permis, je ne dis pas de voter avec ces gens-là (vous en êtes incapable), mais de vous abstenir même, et ne regarderez-vous pas comme une lâcheté, une trahison, un crime par conséquent, d'ouvrir ainsi la porte aux pires ennemis du bien, aux plus dangereux artisans du mal ?

MATHIEU.

Les choses étant comme vous le dites, il n'y a pas à hésiter. Mais il me semble, père Antoine, que vous vous laissez un peu emporter par votre zèle et que votre âme généreuse regarde les objets à travers des lunettes qui les grossissent outre mesure. J'admets qu'il y a beaucoup de vrai dans votre langage, tout en me refusant à croire aux excès dont vous me parlez, et surtout que le nombre de ces démons à face humaine que vous nous signalez soit aussi grand que vous le dites. S'il faut s'en fier à maître Thomas (un fin, comme vous savez), il y a dans le parti beaucoup de modérés qui, tout en voulant la liberté, seraient désolés de faire du mal et de pousser les choses à toute extrémité. Il ajoute que ceux-ci sont les plus nombreux dans le pays et qu'ils sauront bien enrayer le char pour l'empêcher de tomber dans le précipice..

ANTOINE.

Maître Thomas dit cela?

MATHIEU.

Oui, mon ami, et il pourrait bien avoir raison.

ANTOINE.

Maître Thomas et vous, êtes deux moutons de Panurge ! Vous n'avez donc point d'yeux pour voir ni d'oreilles pour entendre? Dans ce concert infernal de malédictions et d'impiété qui remplit l'air depuis bientôt sept ans et surtout depuis quelques mois, de quel côté est le plus grand nombre ? Consultez les débats de ces derniers jours et les journaux rouges de toute nuance, du ponceau au cramoisi, comptez et jugez. Je ne veux pas dire que la défense soit au-dessous de l'attaque. Nous aussi avons des hommes qui soutiennent admirablement la bonne cause de la Chambre, des journaux à convictions ardentes et rédigés avec un incomparable talent, et toutefois, tel est le prestige de l'erreur, telle est la séduction du poison qui circule dans l'air que la plupart préfèrent l'avaler, plutôt que de s'en éloigner avec horreur. Que me parlez-vous de modérés ? Ont-ils empêché, ces prétendus modérés, que nos législateurs défunts aient adopté des mesures désastreuses et proposé des lois dignes de la plus fine fleur démagogique ? N'ont-ils pas tous voté, modérés et violents, avec un édifiant ensemble, et en quoi distingueriez-vous les uns des autres ? D'ailleurs, on ne peut aller contre la nature des choses. Mettez un doigt dans un engrenage, bientôt la main, le bras, le corps tout entier y passent. Mettez-vous sur le penchant d'une colline rapide ; les premiers pas sont assez lents, mais peu à peu le mouvement s'accélère et se change en folle course à mesure qu'on approche du fond. Voilà ce que je pense de vos modérés. D'abord *moutons* jusqu'à un certain point dociles, on les voit insensiblement devenir *mutins*, et enfin *loups* enragés. Ils ont avancé, eux aussi, le doigt dans l'engrenage, et puis l'on sait ce qui est arrivé. Tenez, ne me parlez pas de ces hommes-là. Une fois qu'ils ont mis le pied dans le camp de la *marianne*, ce qu'on peut dire de mieux d'eux, c'est ce que l'on dit des champignons : les meilleurs ne valent rien.

MATHIEU.

Juste ciel ! père Antoine, vous parlez comme un livre et l'on dirait que vous avez fait votre latin. Quel dommage que vous ne puissiez vous faire entendre en public ! Je ne doute pas que vos paroles ne produisissent un grand effet ; où avez-vous donc appris à parler de la sorte ?

ANTOINE.

Ce sont mes convictions qui m'ont donné le peu que je sais. Depuis trois mois surtout, je me préoccupe nuit et jour des dangers que court notre foi et, avec elle, la société toute entière. A la vue des attaques furibondes d'une tribune passionnée, d'une presse éhontée, l'indignation s'est emparée de moi et voilà.

MATHIEU.

Il est vrai que nous ne savons plus en quel temps nous vivons. Dans nos jeunes années, chacun s'occupait de ses affaires et se tenait éloigné de tout ce tapage politique dont nous sommes assourdis de nos jours. C'était alors le beau temps. On était heureux et content, la vie s'écoulait calme et paisible, et nous autres campagnards n'avions d'autre souci que d'arriver au lendemain pour jouir en paix de notre travail et recueillir le fruit de nos sueurs. Chacun regardait l'église comme sa maison, son curé comme un père, et l'on était heureux de suivre ses conseils. On n'était pas inon-

dé par ce déluge de journaux qui portent
chaque matin l'impiété et l'immoralité au
sein des familles. Heureuses années, qu'ê-
tes-vous devenues ? Aujourd'hui, on ne
peut faire un pas sans entendre mille hor-
reurs à l'adresse de la religion et de ses mi-
nistres. S'il fallait en croire les braillards qui
ont établi domicile au cabaret, les pauvres
prêtres seraient cause de tout le mal qui
arrive. Vous connaissez Jean le rouge, et
je suis convaincu que vous ne lui confieriez
pas votre bourse. Eh bien ! l'autre jour, en
pleine place et au milieu d'un tas de ba-
dauds à moitié ivres comme lui il s'écriait :
« Les prêtres sont nos ennemis, ils veulent
rétablir la dîme, ils sont cause que le commerce ne marche pas. Ils veulent asservir
le peuple, amener la guerre, » et autres
balivernes de ce genre. C'est bête, c'est
stupide, mais cela fait effet auprès des imbéciles plutôt inclinés à croire au mal qu'au
bien. Tenez, père Antoine, cela me défrise,
et loyal comme je suis, j'ai peine à comprendre que le peuple soit aussi naïf pour
ajouter foi à ces puérilités.

ANTOINE.

Dites à ces calomnies atroces. Du reste, votre Jean le rouge et des milliers d'autres qui lui ressemblent, ne sont que des mannequins ; les bras qui tiennent les ficelles sont ailleurs et placés plus haut.

Ces misérables clubistes de village imitent les perroquets qui répètent les leçons qu'ils ont reçues des maîtres. Ceux-ci en ont dit bien d'autres, et nous ne sommes qu'au lendemain des énormités qu'ils ont proférées dans une enceinte qui heureusement leur est fermée pour longtemps, il faut l'espérer. Ce que Jean le rouge a vociféré en présence de quelques niais, ces hommes néfastes ont osé le publier en face de l'Europe entière ; ce que Jean le rouge a dit dans un langage grotesque, ces mêmes hommes l'ont dit dans un langage qu'on pourrait croire inspiré par l'enfer, tant il est habile dans sa perversité. Mais, vive Dieu ! les uns et les autres en ont menti, impudemment menti. Nos prêtres rêver la dîme ! à qui pourra-t-on persuader celte insanité ? Nous connaissons tous ceux de la contrée, n'est-ce pas ? Ils nous honorent de leur amitié. Eh bien ! voisin, avez-vous quelquefois surpris chez ces hommes de bien la moindre parole qui ait pu trahir chez eux un semblable désir ?

La dîme ! ah ! parlez-nous-en, révolutionnaires à tous crins. C'est bien vous qui la faites payer au décuple au pauvre peuple ; c'est vous qui, par vos folies et vos crimes, avez mis tous les gouvernements qui se sont succédés depuis bientôt un siècle, dans la dure nécessité d'imposer à ce même peuple des charges qui l'écrasent ; oui, c'est vous qui avez ouvert l'abîme où s'engloutit de plus en plus chaque jour la fortune publique et privée. La voilà bien dans toute sa navrante réalité, cette dîme fruit de vos méfaits. L'autre n'est qu'un fantôme que vous agitez aux yeux des populations moins encore pour les effrayer que pour détourner leurs regards de vos turpitudes.

Les prêtres arrêtent le commerce !!! Allons donc ! sinistres plaisants ; nous croirions que vous voulez rire si le sujet était moins sérieux. Mettez la main sur votre conscience si vous en avez une. Quand est-ce que le commerce s'est arrêté ? Quand est-ce que chacun a resserré les cordons de sa bourse et mis son argent à l'abri du coffre-fort ? Vous le savez bien, artisans de malheur. C'est quand on a vu au milieu d'un flux d'éloquence débraillée certaines mains crochues s'avancer comme la pieuvre qui guette sa proie. Voilà la vérité, toute la vérité... Vous osez ajouter que les prêtres sont les ennemis du peuple et veulent l'asservir : pardon, ceci demande une distinction essentielle. C'est oui et non tout à la fois. Oui, les prêtres font tous leurs efforts pour nous asservir au joug de la vertu et aux saintes lois de l'Evangile, pour faire de nous les humbles sujets de celui qui, descendu du ciel, a donné son sang pour nous sauver. Loin de se défendre de cette prétention, les prêtres en tirent leur plus beau titre de gloire. Mais de bonne foi, voisin Mathieu, est-ce là un asservissement et n'est-ce pas plutôt nous rendre à la liberté dans le sens le plus noble et le plus élevé de ce mot? Y a-t-il esclavage plus honteux que celui du vice et des passions brutales, et ne devons-nous pas mille fois bénir les moins charitables qui cherchent à briser nos chaînes? Il y a loin de là à un joug despotique tel qu'on l'entend, et tendre à l'émancipation de l'homme par la vertu, ce n'est pas le traiter en bête de somme. C'est bien plutôt à eux que s'adresse ce reproche, puisqu'ils ne cherchent à dominer que par la corruption et l'abrutissement. Du reste, pensez-vous qu'ils croient un traître mot de toutes les infamies qu'ils débitent? Pas le moins du monde. Ils savent bien qu'ils mentent, et il me semble les voir rire dans leur barbe quand ils voient le pauvre peuple, objet de leur mépris, gober ainsi l'hameçon qu'ils lui jettent d'une main perfide. Tenez, mon cher ami, la rougeur me monte au front quand je pense à l'injure cruelle que nous font les radicaux en exploitant ainsi notre simplicité. S'agit-il de parvenir à leur but? On les voit, l'heure des élections venues, s'aplatir devant nous, tirer des coups de chapeau par ci, par là, mettre leurs fines mains dans nos mains calleuses et se perdre en promesses qu'ils sont bien résolus de ne pas tenir. A les entendre, nous sommes le peuple souverain, les arbitres des lois et des nations, mais à peine ont-ils escaladé le siége que nous avons eu la bonhomie de leur préparer, nous ne sommes plus qu'un ramassis de misérables ouvriers, de vils paysans, des ignares, des crétins. Le malheur est qu'ayant été dupés si souvent, nous n'en devenons pas plus sages, et vous verrez qu'au prochain scrutin les mêmes manœuvres se renouvelleront et les naïfs se laisseront prendre aux mêmes piéges. Et pourtant nous avons la force du nombre. La noble classe des campagnards et des cultivateurs forme l'immense majorité du peuple, ajoutons la meilleure. Ah ! si nous étions bien convaincus de ce que nous pouvons ! Ah ! si nous étions bien pénétrés de ce que vaut la gent radicale, nous nous lèverions comme un seul homme, et pas un de ces mécréants n'aurait l'honneur de revêtir l'habit brodé.

## MATHIEU.

A merveille, mon brave Antoine. Savez-vous que vous finissez par me convaincre ? Allons, j'irai voter et je vous jure que ce ne sera pas pour ceux que vous venez d'étriller de main de maître..... Mais qui s'avance vers nous là-bas ? Ça m'a l'air d'une vieille connaissance. N'est-ce pas notre ami Guillaume que nous avons perdu de vue depuis si longtemps ? C'est lui, ma foi ! Le voilà qui nous sourit. Allons à sa rencontre.

— Bonjour, Guillaume, soyez le bienve-nu. Quelle bonne fortune vous amène et comment tout va-t-il chez vous ? La femme est-elle bien portante, les enfants sont-ils toujours bien joufflus ? Voilà le père Antoine qui est heureux, tout comme moi, de vous serrer la main.

## GUILLAUME.

Ce bonheur est bien partagé. Je suis ravi d'embrasser deux de mes meilleurs amis et de m'entretenir quelques heures avec eux. On a besoin, dans le singulier

temps où nous vivons, d'échanger ses idées
et de s'épancher dans des cœurs qui vous
comprennent. On rencontre si peu de fran-
chise autour de soi ! et puis je suis las de
tout ce tumulte politique qui m'agace les
nerfs.

ANTOINE.

De sorte, mon cher Guillaume, que vous
êtes un peu revenu de vos idées d'autre-
fois. Il fut un temps, vous le savez, où
vous ne ménagiez ni votre repos, ni votre
argent au profit de la Dame rouge. Aujour-
d'hui le vent a tourné, paraît-il ? Je vous en
félicite et je n'attendais rien moins de
votre bon sens. Auriez-vous éprouvé quelque déception ?

GUILLAUME.

Ne me parlez pas de ces hommes, pour
lesquels on se sacrifie et qui ne valent pas
le verre d'eau que l'on puise à la fontaine.

ANTOINE.

Feriez-vous allusion à M. X....., dont
vous m'avez paru si enchanté aux dernières
élections et qui était votre candidat privi-

légié ? Il vous doit cependant de fair
brûler une bonne chandelle en votre hon
neur, car vous avez diablement travaill
pour lui.

GUILLAUME.

Que trop, l'ingrat ! et si j'avais autant d
regret de mes péchés devant Dieu que j'e
ai de lui avoir bêtement prêté le dos pou
se hisser où vous savez, je me croirais u
grand saint.

MATHIEU.

Peste ! peste ! c'est sérieux. Cela veu
dire, cher confrère, que ce Monsieur l
vous avait promis plus de beurre que d
pain et que vous n'avez eu qu'un peu d
pain sans beurre

GUILLAUME.

Ni beurre, ni pain. Du reste ils en son
tous là et nos braves paysans, à vingt lieue
à la ronde ne cessent de crier à tue-têt
qu'on les a indignement trompés et qu'o
n'y reviendra plus. Figurez-vous, mes bon
amis, que ce M. X....., pour gagner no
voix se confondait en promesses que nou

avions la bonhomie de prendre pour argent comptant. Imbéciles que nous étions ! avec un peu de réflexion il nous aurait été facile de voir que, dans toute la France c'était la même comédie et que le budget tout entier n'aurait pu suffire pour acquitter les promesses de ces charlatans. « Votre commune n'a pas de communica- « tions, me disait-on, vous aurez des che- « mins, votre rivière dévaste vos campa- « gnes, vous aurez des digues et par « dessus un beau pont. Vous aurez mairie, « école et la suite. Quant à votre fils, « ajoutait le digne M. X....., je lui pro- « curerai un bon emploi dont vous serez « content. » Patatras ! les élections arrivent et le brave homme sent sa mémoire s'évaporer avec la fumée du triomphe.

ANTOINE.

De sorte que....

GUILLAUME.

De sorte que notre commune est tout aussi avancée qu'auparavant. De chemins ! on n'en voit pas d'autre que celui qui con-

duit au cabaret ou bien des sentiers que
les chèvres auraient peine à gravir. La rivière a toujours les coudées franches et
ne se gêne guère pour emporter nos ré-
coltes. Un pont ! Va t'en voir s'ils viennent !
pas d'autre qu'une vieille poutre vermou-
lue, du haut de laquelle les passants font
assez souvent la cabriole la tête en bas. Et
tout le reste à l'avenant. Voyez comme c'est
encourageant pour nous, pauvres campagnards qui ne soupçonnons pas dans notre
simplicité que des messieurs bien élevés
puissent nous tromper. Allez vous donner
beaucoup de peine, quitter vos travaux
pour promener ces chalands dans tous le
pays à l'approche des élections ! !

ANTOINE.

Mais au moins votre fils.....

GUILLAUME.

Mon fils casse encore des cailloux sur la
route. Menteur, va !

ANTOINE.

Plût à Dieu que nos bons villageois de la
France entière vissent les choses comme

vous ! Les élections qui se préparent seraient certes bien meilleures.

GUILLAUME.

Et si chacun restait chez soi, comme
c'est bien mon intention, les choses ne seraient guère plus avancées.

ANTOINE.

Cette conduite de leur part et de la vôtre
serait désastreuse. Seriez-vous tranquille
si le feu prenant à la maison de votre voisin au risque de se communiquer à la vôtre, vous resteriez les bras croisés sous
prétexte que cela ne vous regarde pas? non
sans doute, et j'en appelle à tous vos sen-
timents. Eh bien ! on va mettre le feu à la
France qui est notre maison à tous. Des
hommes vont se présenter à nos suffrages
qui rêvent, encore une fois, de détruire
parmi nous tout vestige de religion et de
saine morale. C'est ce que j'ai fait comprendre tantôt à notre ami Mathieu qui
voulait comme vous s'en tenir à une lâche
abstention. Auriez-vous ce triste courage et
ce crime (car c'en est un) ne pèserait-il,
votre vie entière, sur votre conscience ?

### MATHIEU.

Avec ça que ces hommes dont nous parlons semblent prendre à tâche de faire haïr leur république. S'ils tiennent tant à elle, pourquoi ne la rendent-ils pas plus aimable ? Ils ne parlent que de république, république d'ici, république de là ; c'est à nous assourdir les oreilles.

### ANTOINE.

Le mot de république n'a rien que d'innocent, la chose même peut très-bien être acceptée. Le malheur est que si nous avons la république nous n'avons point ou du moins très-peu de vrais républicains.

### GUILLAUME.

Vous rêvez, père Antoine. Eh ! grand Dieu ! on ne voit que ça et cette graine pullule comme l'herbe dans un pré. Vous seriez bien embarrassé pour nous prouver votre singulière assertion.

### ANTOINE.

Rien n'est pourtant plus facile et il n'est pas nécessaire d'être grand clerc pour cela. Que devrait être la république ? La réalisation du sens que comporte le mot ; je veux dire un gouvernement où l'on emploierait au-dessus de tout l'intérêt général, le respect des grands principes et des lois, où chacun rivaliserait de zèle pour le bien commun, où l'individu mettrait au service de l'État sa fortune, sa santé, ses talents et où l'Etat, par un juste retour, étendrait sa protection et ses faveurs sur chaque individu. Qu'on nous donne une république semblable, assise sur les bases essentielles à toute société : religion, famille, propriété, et je vous le jure, je serai républicain des plus fervents entre tous. Mais en sommes-nous là, mon bon Guillaume, et peut-on donner ce nom à tous ces comédiens qui viennent parader sous nos yeux ? Républicains ! ces hommes qui sacrifieraient la France à leur ambition effrénée, qui n'ont à la bouche que ce mot : intérêt public et qui n'obéissent qu'à l'impulsion d'un égoïsme révoltant ! ! Républicains ! ces coureurs de places, non pour servir l'Etat, mais pour en être les sangsues ! Veut-on savoir quelle est leur devise ? Ote-toi de là, que je m'y mette. — Républicains ! ces hommes qui ne cessent de crier liberté ! liberté et qui nous disputent nos libertés les plus chères, j'entends la liberté pour le prêtre d'exercer en tout et partout son saint ministère, pour le père de famille, liberté de faire élever ses enfants comme il le veut sans être obligé de les livrer à des mercenaires qui n'ont point sa confiance. — Républicains ! ces hommes qui refusent à nos braves soldats les moyens de s'acquitter de leurs devoirs religieux au grand désespoir d'un père et d'une mère qui tremblent plus encore pour le salut de l'âme de leur enfant que pour la santé de son corps. Républicains enfin ! ces hommes qui insultent et laissent insulter chaque jour la religion et qui, sous le nom aussi stupide que méchant de *cléricalisme*, désignent à la haine du peuple ce que nous avons de plus cher au monde ? N'ont-ils pas osé rêver la destruction de la famille en proposant l'infâme loi du divorce, la confiscation de la propriété par des systèmes détournés, il est vrai, mais qui n'en sont pas moins comme une planche tendue sur laquelle pourra passer un jour cette nuée de barbares qui s'apprêtent à se ruer sur les dépouilles de la société. Voilà quels sont en grand nombre les républicains de notre époque. Tous ne sont pas méchants au même degré, il faut bien en convenir, et il est juste de faire une distinction entre les faibles et les meneurs de la bande. Dans cette immense cohue, les dupes sont en majorité, je le veux bien, mais ils n'en sont pas moins responsables puisqu'ils se mettent à la suite de guides infidèles dont ils emboîtent le pas. Et maintenant, mes bons amis, allez voter pour ces gens-là si vous en avez le courage.

### MATHIEU.

Eh bien ! oui, nous voterons, mais avec vous, père Antoine, et nous ne vous laisserons pas Guillaume et moi aller seul mettre la main dans la boîte à encre. Mais ce n'est pas tout que de voter, il faut savoir pour qui. Ce maudit Jean le borgne qui ne vaut guère plus que l'autre Jean, si toutefois il vaut autant, ne disait-il pas l'autre jour que les républicains marcheraient comme un seul homme et que leurs coups feraient balle, voulant faire comprendre par là qu'ils voteraient tous avec ensemble et sans la moindre divergence. Nous vous attendons, conservateurs, ajoutait-il avec un sourire narquois, nous vous attendons avec vos drapeaux aux mille couleurs. Tandis que vous mettrez dans l'urne du blanc, du bleu, du vert, que sais-je, nous francs démocrates, nous ne mettrons que du rouge et ce serait bien le diable, s'il en sortait autre chose que du rouge. Et là dessus un bruyant éclat de rire qui ébranlait les échos d'alentour. Il serait fâcheux, père Antoine, que ce vaurien eût raison et il me semble, selon ma petite cervelle, que les honnêtes gens devraient s'entendre.

ANTOINE.

Il faut bien espérer qu'il en sera ainsi. Le succès en dépend. Il faut, de toute nécessité que dans nos rangs les partis s'effacent entièrement, que chacun refoule au dedans de son cœur ses aspirations personnelles, fussent-elles encore plus légiti-

mes et ne voir devant soi qu'une chose :
la France debout et réclamant l'aide de
ses enfants. Oui la France, qui serait per-
due à jamais si nous allions nous livrer à
de funestes divisions. Là est le danger,
mais là aussi est la victoire si chaque con-
servateur est pénétré de son devoir. Il
faut avant tout terrasser l'ennemi commun
et mettre la bête dans l'impuissance de
mordre: Après, nous remettrons le tout à
la divine Providence. Que dans ces condi-
tions il se présente à nous un homme sérieux, franc, honnête, incapable de transi-
ger avec sa conscience, promettant son
appui à toute mesure généreuse, jurant
haine au désordre, pourquoi ne pas l'ac-
cepter sans trop regarder à la couleur? Tel
est mon avis, et je ne doute pas que ce ne
soit aussi l'avis de tous nos braves gens de
la campagne. Nous ne ferions en cela que
suivre l'exemple des radicaux, ainsi que l'a
dit Jean le borgne, et c'est le seul point où
il nous soit permis d'être d'accord avec
eux. Du reste, leur union n'est pas aussi
étroite qu'on veut nous le faire entendre,

et déjà la bisbille se glisse dans leurs rangs, s'il faut s'en rapporter aux mauvaises langues. Puisse ce levain de discorde fermenter de plus en plus et gagner toute la pâte. Ce n'est pas nous qui en pleurerons.

### GUILLAUME.

Une idée me vient et je ne serais pas étonné qu'elle ne se fût aussi présentée à votre esprit. Ne peut-il pas arriver que plusieurs candidats se présentent, pleins de mérites d'ailleurs, et nous exposent ainsi à éparpiller nos votes ? Il faut bien faire la part de la pauvre nature humaine et croire que les gens les mieux intentionnés ne sont pas tout à fait à l'abri du petit vent d'ambition. Les admettre tous ensemble, ce serait sous une autre forme renouveler le danger que notre ami Antoine vient de nous signaler. Eh bien ! n'avons-nous pas, pour l'éviter, un bon chef de file autour duquel tout nous invite à nous rallier? On nous a dit que le brave Mac-Mahon, notre illustre président, appelle à lui tous ses amis et qu'il se dispose à désigner lui-même à nos suffrages les hommes qui méritent sa confiance. Il me semble, dès lors, qu'il n'y a pas à hésiter et que tous ensemble, conservateurs de toute nuance, nous devons à l'unanimité donner nos voix aux candidats de son choix. Ce serait un grand souci de moins pour nous et un grand avantage de plus pour la France.

ANTOINE ET MATHIEU (d'une seule voix)

C'est cela, c'est cela. Bravo ! l'ami Guillaume ! A vous le prix de sagesse. *Vive Mac-Mahon !*